U0907624
超级疯狂阅读系列
解读离奇诡异的
悬案现场
崔钟雷　主编
知识出版社

前言

伟大的先驱者和物理学家伽利略曾经说过：“世界上没有不可认识的事物，只有尚未被认识的事物，生命的全部意义就在于探索那些未被认识的事物。”

人类从诞生到现在，从茹毛饮血一步步走向文明，其中经历了多少传奇和飞跃，我想并不是每个人都清楚的。甚至那些最博学的人也会面临回答不出问题的窘境。而这种包围在我们身边的未知又是那么的芜杂，它不断吸引着人们探索的脚步。然而这些未知的谜团总有说不清的魔力，当你愈走近它，你就会离它愈远；你越是觉得接近

了它的本质，到头来，你越会发现你早就与它背道而驰了。

这些困扰了人类很久的谜团都有哪些呢？比如关于维纳斯的种种传说；比如关于金字塔的各种神奇；再比如关于中国女将军妇好墓的种种猜测。诸如此类，不一而足。

然而，这些问题的答案到底是什么呢？或者说，我们应该去哪里寻找那些隐藏着的答案呢？我想你最先要做的就是翻开本书，先了解一下这些问题都有什么，然后再根据我们的线索去理清事情的来龙去脉，最后，再在阅读和探索的基础上找出你心目中的答案。

本书的意义并不是提供答案，而是激发你探索的兴趣。在精美大方的版式的配合下，你定能收获不菲。

编 者

2014 年 6 月

目录

自然奇闻

8 圣泉能够治病的奥秘何在

14 世界上的"怪坡"到底有多怪

20 生活在巨人岛上的生物真的会长高吗

27 乔治湖为什么会"隐身"

34 你认识会"流血"的植物吗

41 植物真的有"脉搏"吗

48 植物怎么会有血型呢

55 真的有可以代人洗衣的植物吗

62 你知道刀枪不入的树木吗

社会悬案

68 关于断臂维纳斯有哪些美丽的传说

76 金字塔的神奇之处在哪里

82 木乃伊写下的神秘之书有何寓意

88 商代妇好墓的主人到底是谁

94 护珠斜塔历经千年为何不倒

101 庐山千年佛灯为何会自燃

107 历史上有过哪些关于"时空隧道"的离奇事件

114 神秘的南极洲曾适宜人们居住吗

121 为何会有奇特的空中"录音"

超级疯狂阅读系列

自然奇闻

你听说过有关圣泉的故事吗？或者你在电影或者电视剧中看到过某处神奇的泉水，有病的人、中毒的人或者是残疾人喝了一口泉水，就痊愈了。这种情形不光在影视作品中有，在现实生活中也有。今天我就要带你去见识一下位于法国劳狄斯小镇上的比利牛斯山圣泉。

美丽的神话

相传在 1858 年，有一个法国女孩正在一处岩洞玩耍。突然，圣母玛利亚来到她的面前，告诉她在岩洞的后面有一眼清泉，泉水能够治疗百病，说完就消失不见了。女孩将这个秘密告诉了其他人，一开始人们将信将疑，后来泉水治

好了许多人的病。这样一来，这泉水就成为了圣泉，每年来这里求医治病的人络绎不绝。他们不远千里来到这儿，仅在圣泉水池内浸泡一会儿，病情便能减轻，有的竟不治而愈！

考考你：

除劳狄斯圣泉外还有其他圣泉吗？

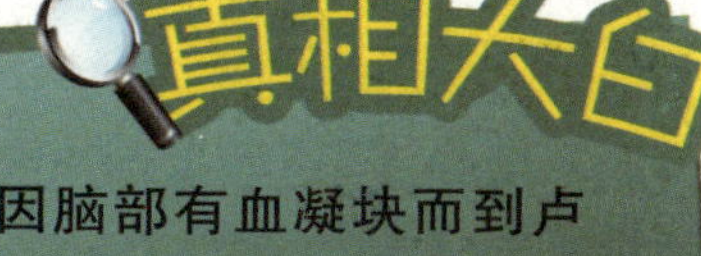

真相大白

1970 年，塞奇·佩林因脑部有血凝块而到卢尔德泉救治。当时他全身瘫痪，不能行走，几乎完全失明，经过泉水擦身后，塞奇突然能再次看到东西，而且还能下床走动。

惊异的事实

虽然圣泉的事情让人难以置信，但是有人以自己的亲生经历向大家讲述了圣泉的神奇之处。下面便是记载这一神奇事件的日记：

维托利奥·密查利的三则日记

1963 年3 月26日　　阴雨

今天医生告诉我最多只能活一年。一年前，我患上了癌症，医院对我进行了X光透视，结果发现我的左腿看不到一点儿骨头的成分，仅由一些软组织束同骨盆相连。虽然父母带我去了很多医院，但医生对我这种病都无能为力。

世界对我太残忍了！上帝啊，帮帮我吧！

1963年5月 26日　　多云

虽然医生给我下了诊断书，不过经过多方打听，我的父母得知在法国的劳狄斯有一口圣泉，泉水能治愈各种疑难杂症，父母只能是“有病乱求医”了。

到了那里之后，我浸泡在冰冷的泉水中。没过一会儿，我突然有了想吃饭的感觉，看来这泉真的是有效果啊。我高兴坏了，仁慈的上帝！

1964年2月18日 晴

医生将我腿上的石膏拆除之后再次进行了X光透视，结果发现我那原本已经完全损坏的骨盆组织和骨头竟然再生了，医生告诉我两个月之后就能自由行走了。

从圣泉回来之后，我就有了想要走路的感觉，几个星期之后，我腿上的疼痛感消失了，体重也增加了。太高兴了，全能的上帝！

考考你：

你听说过内蒙古阿拉山中有一个神奇的“圣泉”吗？

真相大白

阿拉山的“圣泉”离内蒙古独山子不足10千米，其水温为40℃~50℃，含有多种矿物质及微量元素，能治疗多种疾病。因而建立起来的温泉疗养院现已成为人们旅游的好去处。

难以解答的疑问

其实具有同样功能的圣泉，在一座名叫阿尔勒的小镇还有一个。这个小镇上有一个教堂，教堂里有一个精心雕制的石棺。令人不解的是，这个石棺中长年盛满清泉般的水，却没人能解释石棺中的水是从哪里来的。更神奇的是，这个石棺的水具有很好的治疗疾病的效果，人们将其当作“圣水”，不轻易使用。

一个石棺里面为什么会源源不断地流出水来呢？专家对此进行了研究，这个石棺总容量还不到 300 升，而每年从这个石棺中流淌出来的水却达到 500~ 600 升。即使在旱灾之年，石棺仍为当地居民提供澄清的水。

1961 年，两位来自格累诺市的专家试图解开石棺内的水源之谜。一开始，他们以为这是渗水或凝聚现象，于是想方设法垫高石棺，使它与地面隔开。为了解谜，他们还用塑料布将石棺严严实实地包起来，以防雨水渗入石棺中。为了防止有人往棺内灌水，还在石棺旁设

岗，日夜值班。但所有的办法都未能使石棺内的水源断绝。专家们用科学方法对石棺内的水进行鉴定，发现棺内的水即使不流动，水质也是纯净的，似乎石棺内的水能够自动更换一样。这个谜底到现在为止还没有被解开。

考考你：

你知道锡林浩特的圣泉有何神奇之处吗？

真相大白

在内蒙锡林浩特市西北 80 千米处，有一眼天然圣泉——阿尔善宝力格。圣泉水口感微甜，可以健脾养胃。同时，泉水还有股啤酒的味道，会令人打饱嗝。

世界上的“怪坡”到底有多怪

“水往低处流”是我们都知道的常识。如果非要探究它的原因，物理学上的解释是地心引力的结果。既然是这样，那地球上的所有水都应该往低处流；所有东西都应该从高处向低处掉。不过地球之所以奇妙，就在于它也有例外。其实人们已在一些地方发现了水往高处流，以及汽车向上坡开的时候要踩刹车而向下坡开的时候要加油门的现象。你说奇怪不奇怪！

考考你：

中国的怪坡有很多，你听说过山东的怪坡吗？

真相大白

山东日照市河山东麓有一段下坡约 100 米。当你把车子开到坡底，放在空挡位置，松开刹车车子就会立刻向坡上倒去。车上的人越多，车就倒得越快。

神奇的谜案

世界上到处都有“怪坡”的传闻，虽然这些“怪坡”所处的地理位置有很大的差别，但是它们都有一个共同的特点：那就是在这些怪坡上会发生一些和我们平时熟知的现象不一样的情形。如在新疆哈密有这样一个怪坡，骑自行车上坡很轻松，下坡却非常费力，水从下坡往上坡流；在美国的犹他州也有这样的一个怪坡，将车停在坡下面，松开制动器，汽车像是被一种无形的力量拉着似的、缓慢地向山坡上

爬去；在台湾的台东县东河乡有这样一处怪坡，在怪坡旁边有一条小溪，溪水流到山脚下的农田，而靠近山脚旁的另一条溪水不是往下流，而是向山坡上流去。

超乎想象的猜测

对于这些“怪坡”现象的产生原因，专家们众说纷纭，各执己见。

☆磁场说

为什么汽车能够在坡上自动上行，那是因为这个山坡附近有巨大的磁场，吸引着汽车和自行车由下向上滚动。不过也有人提出了疑问，既然是磁场的作用，为什么跟它紧紧相连的其他山坡就不会有这样的现象呢？

☆“重力位移”作用

一些物理学家根据万有引力学说，认为物质结构的密度越大，引力就越强。在这些“怪坡”顶端的地下，有可能有一块密度很大的巨石或者是空洞，因此形成了这种奇特的现象。

考考你：

曾经有人在“下坡”进口处将地面做了修饰，把左边的地面创造得比右边的地面高，让人们的视觉误差更大，为什么工人特意把怪坡路面创造成土路而不是钢筋混凝土路面或沥青路面呢？

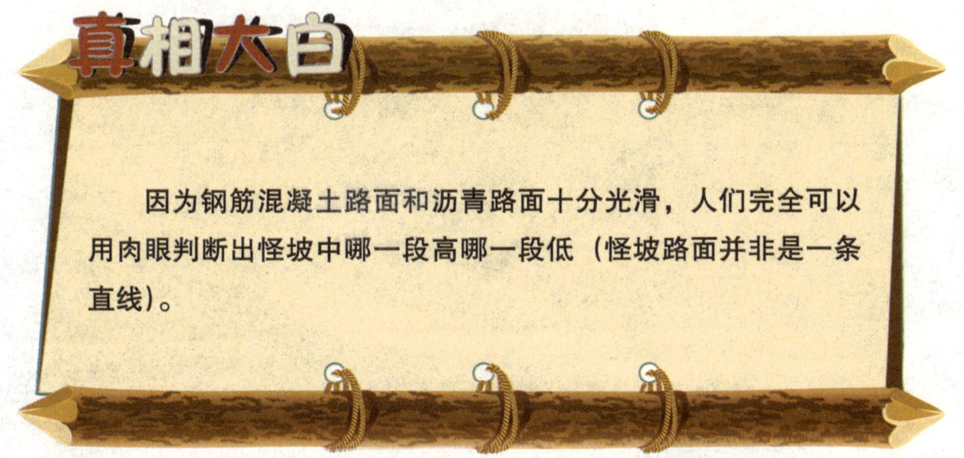

☆ **“视觉差”现象**

有些科学家认为，之所以产生“怪坡”这种奇怪的现象是因为这些“怪坡”三面环山，人们很容易受视觉参照物的影响，原本很高的地方，会使人感觉很低；原本很低的地方，会使人觉得它很高。所以我们看到的“怪坡”其实只是一种视觉上的错觉。不过这种说法很难令人信服。

你知道世界第一怪坡吗？

在全世界有许多地方存在着怪坡，位于中国沈阳的怪坡于 2009 年荣获世界纪录协会颁发的“世界第一怪坡”的荣誉，成为怪坡世界中的王者。

看完才知道

在黑龙江的依兰县也有一个怪坡。当汽车上坡时不需要加油就可以行走，下坡的时候却得加油。该怪坡山岭逶迤，林海苍茫，青山绿水，生机勃勃。怪坡附近的倭肯哈达洞穴是新时器时期人类活动栖息的地方。

只不过看上去很神奇而已。

西印度群岛中有一个神秘岛屿，名叫马提尼克岛。岛上风光优美，有火山和海滩，盛产甘蔗、棕榈、香蕉和菠萝，被哥伦布喻为“世界上最美的国家”。更奇特的是，这个岛上居民的身高没有低于 190 厘米的，不管你是成年人还是儿童，只要来到这个岛上就会长高。

你来了就知道了。

一则增高广告

你想成为高富帅吗？

你是高富帅吗？你想成为高富帅吗？如果你不富裕，那你可以通过自己的努力奋斗获得财富；如果你不帅，你可以去找韩国人帮忙；如果你不高，那你就来我们巨人岛吧。

来我们巨人岛增高，不打针，不吃药，不节食，没有任何副作用。你只需来到这个岛上，就像是旅行一样，一边享受着美食美景，一边就增高了。等你尽兴而归，你会发现家里的衣服你都穿不了了，因为你已经长高了！

你还在等什么？赶紧报名吧，现在报名有优惠呢！

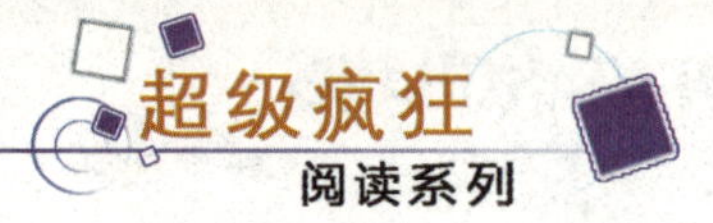

事实	雄辩
☆64 岁的法国科学家格莱华博士和他 57 岁的助手里连博士，因为在岛上生活了两年，就分别增高了 8 厘米和 7 厘米。	☆到了巨人岛，人真的会长高。
☆岛上的动物、植物和昆虫长得更快，从 1948 年开始的十年左右的时间里，岛上的苍蝇、蚂蚁、甲虫、蜥蜴和蛇都比平时增长了约 8 倍。	☆岛上的植物和动物都要比别的地方高。

64 岁

57 岁

考考你：

你知道巨人传说吗？

美国的华达州垂发镇西南方有个名为垂发洞的山洞。传说，很久以前这里有一个红发巨人。没想到，1911 年，人们真的在山洞里发现一具头发为红色的木乃伊，身高达 2.2 米。

超乎想象的猜测

到底是什么神秘的力量促使该岛上的人、动物、植物和昆虫等躯体生长速度这么快？这种神秘的力量又是源于何种物质呢？

☆是因为这个岛上的民族不弯腰？

马提尼克岛的斐尔坝拉人有一个习俗——从不弯腰。就算是最贵重的物品掉到地上，他们也不会弯腰去拾取。那他们用什么办法去捡拾呢？他们会找一个竹夹，挺着腰用竹夹夹取。难道岛上的人是因为这个原因长高的吗？

考考你：

为什么斐尔坝拉人会有“不弯腰”习俗呢？

真相大白

据说，在17世纪时，法国侵略者经常侮辱他们。一次，侵略者骑在部落首领耐特森身上，他猛地跳起来，并发誓：“我们斐尔坝拉人要永远站着，不弯腰！”从此，便有了这个习惯。

☆**是因为这个岛上有辐射吗？**

为什么马提尼克岛上的人和其他动植物都会长得很高很高呢？一些科学家认为，那是由于这个海岛上埋藏着大量的放射性矿物物质。这种放射性物质能使人体内部的机能发生某种特别的变化，从而使人长得更高。

考考你：

你知道科学家还有什么尚未证明的猜测吗？

真相大白

有一些科学家认为，“巨人岛”上的地心引力小是使人长高的原因。因为，前苏联两名宇航员在外太空工作半年回来之后，发现其身高都增加了 3 厘米，就是失重和引力减少的缘由。

锦上添花

旋转岛

在西印度群岛中有一个无人小岛，岛上分布着一片片沼泽地。这个小岛虽然不大，怪事却不少，尤为神奇的是——它竟然像地球那样在自转。小岛每 24 小时旋转一周，它每天都在按同一方向做有规则的自转，从来不出现反转的现象。小岛为什么会自行旋转？至今无人能解。

大千世界，无奇不有，鸟类飞翔在蓝天上，野兽奔走于大地。这些都不足为奇，但你见过消失了又重新出现的湖泊吗？这个听起来不可思议的湖泊真实地存在于澳大利亚。

考考你：

你知道隐身湖曾引发过纠纷吗？

在人们还不知道乔治湖会“隐身”的时候，有人曾承包乔治湖养鱼，就在即将收获的时候，湖水突然干涸，湖里的鱼在十几天内全死了，为此，承包者将此湖的所有者告上了法庭。

神秘的发现

两则日记

2012年6月5日　天气：晴　心情：郁闷

今年暑假，我恰好大学毕业。为了给自己放松一下，我去澳大利亚旅行。来到澳大利亚当然要见识一下赫赫有名的“隐身”湖——乔治湖。当我们坐车来到这里的时候，眼前的景象让我有些吃惊，这哪里是什么湖啊，不就是一块洼地吗？

展现在我面前的是一大片草原，湖底长出的树都有十几米高了，羊群正在湖底悠闲地吃着茂盛的青草。唉，要是看这样的景色也不用千里迢迢地跑到这里来看啊，哪里没有呢？

一次不愉快的旅行！

2014 年 6 月 5 日　天气：晴　心情：格外高兴

今年暑假，我儿子非得让我带他去看“隐身”湖——乔治湖。尽管我跟他说了那就是一个洼地，我大学毕业那年去看过，什么都没有，但他就是不信。没有办法我带他来到了澳大利亚新南威尔士州东南部的乔治湖。

一下车，眼前的景色让我吃了一惊！这是我看到过的那个长满草的洼地吗？这里已经是波光粼粼了，湖面的面积大约有 200 平方千米，湖面平均深度为 2 米左右，这是千真万确的一个大湖泊啊！水里面，各种鱼儿在那里尽情地游弋，悠闲至极。儿子看到这情形，就对我说：“你还骗我，说这里是什么草地，你看看，你自己看看。”

一次出人意料的旅行！

乔治湖“隐身”之谜

乔治湖为什么会“隐身”呢？乔治湖每隔一段时间就会消失。从干旱到水盈通常持续 3~5 年时间，干涸时间和丰水时间基本相当，约各占 5~6 年。除了干涸的时间与盈满的时间相当外，更加令人奇怪的是，乔治湖并没有入湖的河流，也没有流出的水路，至今科学家也无法明白这水从何而来，又流向哪里。干旱与湖水盈满完全是偶然产生的，没有任何明显的自然变化。这是为什么呢？

考考你：
你知道乔治湖鱼儿再生奇案吗？

真相大白

大家都知道乔治湖湖水会再现，但你知道当湖水再现的时候，随着湖水冒出来的还有鱼儿吗？生物学家曾经鉴定这些鱼儿的鱼龄，其中最多是成年鱼。

星球运行说：

有人认为乔治湖的消失与再现跟星球的运行有关，原因是星球运行时，相互之间的引力变化导致了湖水离奇地消失。不过人们目前并没有发现两者之间的必然关联。

时令湖说：

有人认为乔治湖是典型的时令湖。它的主要水源是河水和雨水，如果当年水量少，水分大量蒸发，湖水就会干涸；如果水量大，水量就会丰富，湖水就会积聚。不过目前的研究并没有发现哪条河流为乔治湖提供水源。

难以解答的疑问

☆是不是地球的板块具有自动开启和关闭的“特异功能”？否则，湖水怎么会在短时间内消失，连湖中的鱼都无影无踪了呢？

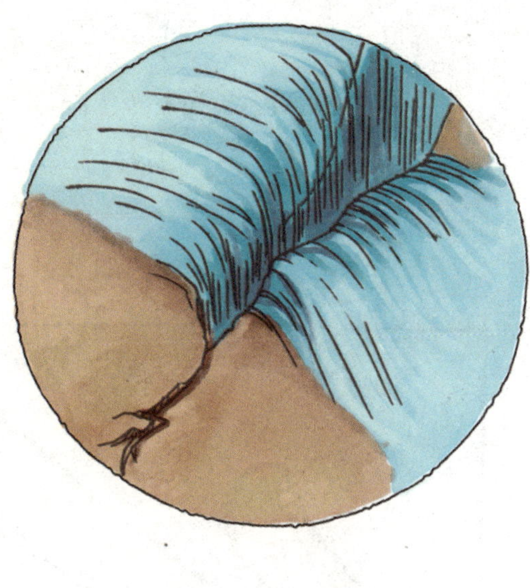

我找到了我的游泳池！

乔治湖的近况

从 1820 年至今，乔治湖已经消失和复现过 5 次了。乔治湖最近一次消失是在 1983 年，2005 年 3 月由于澳大利亚旱情加剧，乔治湖几乎干涸见底。

考考你：

你知道关于乔治湖的最新报道吗？

据报道，澳大利亚有关部门要求在 7 ~ 9 月这段期间取消有关乔治湖的捕捞禁令。因为乔治湖管理委员会认为湖中鲻鱼的数量已经恢复到了可以进行捕捞的标准。

你认识会"流血"的植物吗

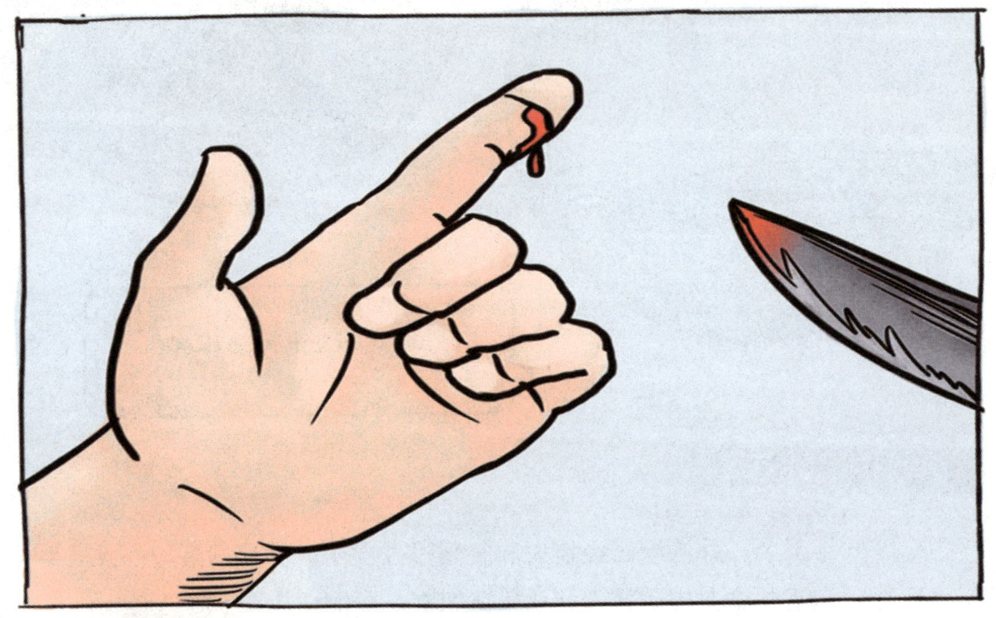

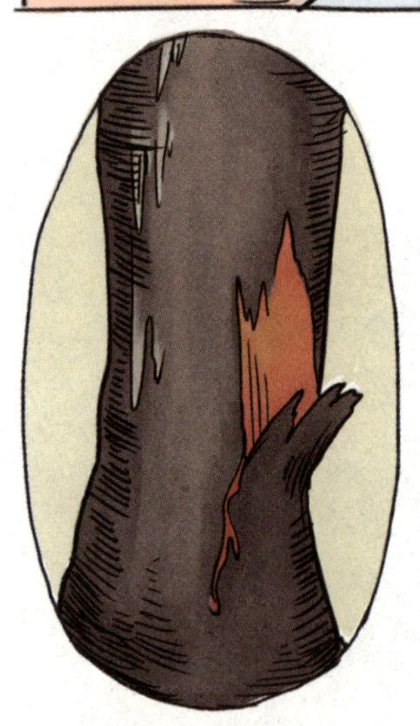

如果你不小心割破了手指，会有什么情况发生呢？这个问题其实不是问题，因为手指破了会流血，没有一个人不知道。但是你知道世界上还有一些植物也会"流血"吗？并不是这些植物成精了，而是它们真的会"流血"。怎么样？大自然很神奇吧。

考考你：

你知道科学家了解了植物会“流血”会有什么样的奇思妙想吗？

真相大白

最近，法国科学家克洛德·波严得发现，在玉米、烟草等植物体中含有类似于人体血红蛋白的基因。这表明植物也有造血功能，如果能加入铁原子，就可以制造出人体需要的血红蛋白。

“流血”的植物

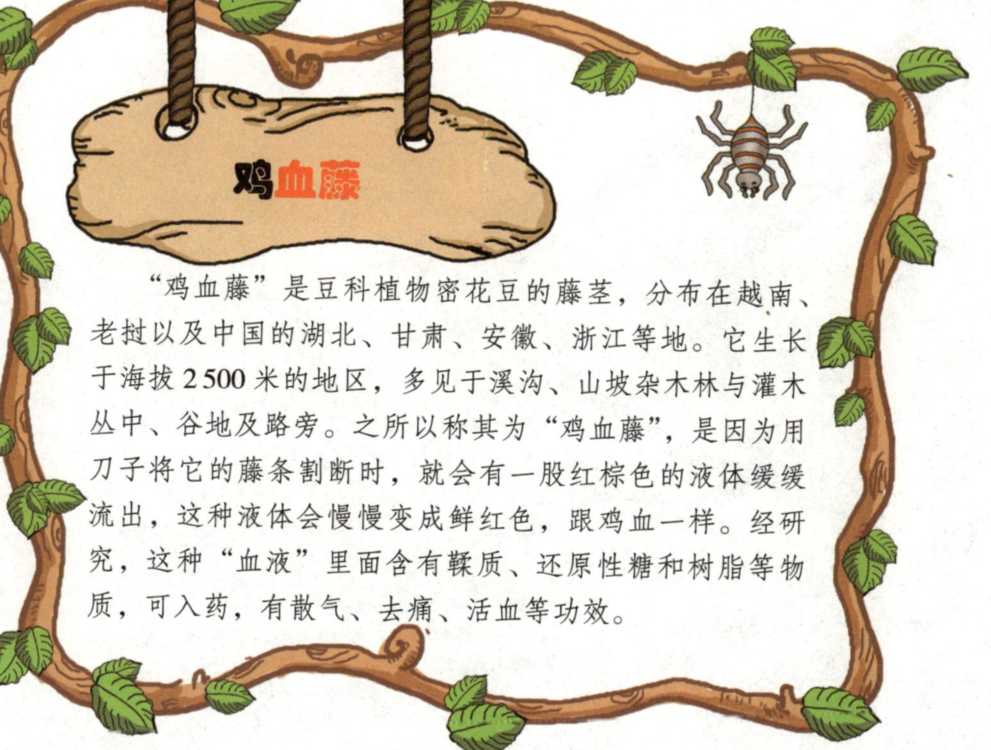

“鸡血藤”是豆科植物密花豆的藤茎，分布在越南、老挝以及中国的湖北、甘肃、安徽、浙江等地。它生长于海拔 2 500 米的地区，多见于溪沟、山坡杂木林与灌木丛中、谷地及路旁。之所以称其为“鸡血藤”，是因为用刀子将它的藤条割断时，就会有一股红棕色的液体缓缓流出，这种液体会慢慢变成鲜红色，跟鸡血一样。经研究，这种“血液”里面含有鞣质、还原性糖和树脂等物质，可入药，有散气、去痛、活血等功效。

考考你：

你知道植物血的构成及作用吗？

真相大白

其实，植物的“血”是一种含鞣质、糖和树胶等的红色液体，它没有动物血液所具备的输送养分、携带氧气等复杂的生理功能。

龙血树

龙血树属百合科，其株形极为健美，叶片色彩斑斓，鲜艳美丽。在我国西双版纳的热带雨林亦也有生长。它的外皮受到破坏之后，会流出一种紫红色的树脂，把受伤部分染红。而这块被染的坏死木，在中药里被称为“血竭”或“麒麟竭”，与麒麟血藤所产的“血竭”具有同样的功效。

考考你：

我们已经知道，植物是有血型的，而且植物的血型还有贮藏能量的作用。那你知道动物也是有血型的吗？比如猴子、猩猩、大象、狗等高等动物都是有血型的，你知道动物的血型有多少种吗？

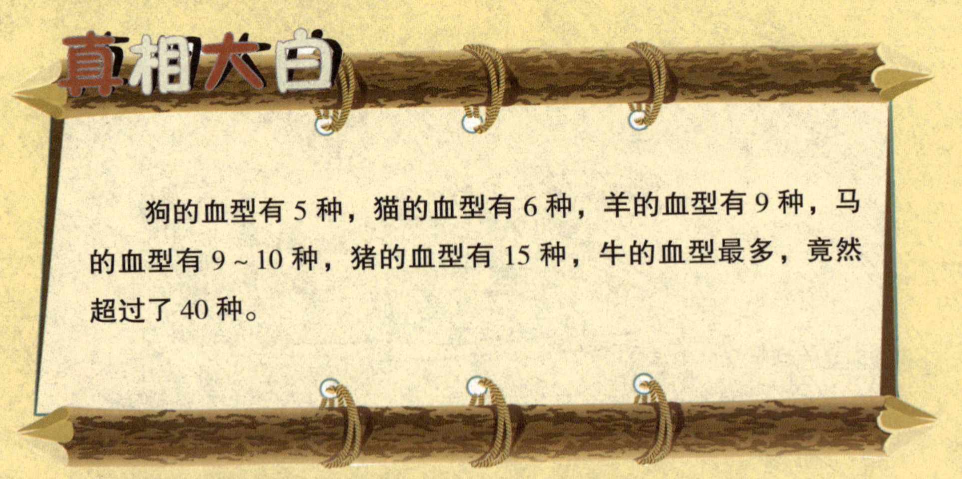

胭脂树

胭脂树又称红木，花朵呈粉红色，在热带及亚热带地区广为种植，我国云南和广东等地也有种植。其种子有鲜红色的肉质外皮，可做红色染料，所以得名红木。如果将胭脂树的树枝折断或者切开，它就会流出像“血”一样的液汁来。

胭脂木木材细密，纹理通直，坚韧而有弹性，不翘不裂，耐腐耐磨，易于加工，是制造高档家具、地板、室内外装饰的最好材料。适用于造船、露天建筑、桥梁等。

打破砂锅问到底

按常理而言，只有人类和其他的动物在受伤之后才会流血，为什么有一些植物也会流血呢？一些植物学家经过研究得出一个结论：其实所谓的植物流出来的“鲜血”只不过样子和形态跟人体的鲜血有几分类似罢了，它并不是真正的血液。

植物真的有“脉搏”吗

人们常说“把握时代的脉搏”，我们都知道这是一句比喻，因为时代是没有真实存在的脉搏的。不过如果我跟你说“把握植物的脉搏”，你可不要误以为这也是一个比喻，因为植物是真的有“脉搏”的。怎么样？是不是感到自己有些孤陋寡闻了！

植物的“脉搏”

近年来，有一些植物学家在研究植物主干增粗速度的时候惊奇地发现，植物竟然有着自己独特的“情感世界”，并且它们的这种“情感世界”还有着明显的规律。那到底是什么样的规律呢？科学家们发现植物有着类似人类“脉搏”一张一缩跳动的奇异现象。植物为什么会有“脉搏”呢？它们怎么会像人的“脉搏”一样跳动呢？

等会儿我诊一下脉就知道怎么回事了。

这株植物生病了，你能治吗？

原来如此

植物“脉搏”两问

☆为什么植物会有“脉搏”？

答：其实植物的“脉搏”只是我们人类对植物主干粗细交替变化的一种形象说法，而并不是说植物真的有跟人类一模一样的脉搏。植物主干粗细的交替变化规律是什么样的呢？如果是晴朗的白天，植物的大多数气孔都是开放着的，植物里面的水分就会从气孔里蒸发出来，这样主干就会一直收缩，一直持续到夕阳西下；而到了夜晚，植物的大多数气孔关闭了，这就使得水分的蒸腾大大减少，主干就慢慢变粗。这种状态会一直持续到第二天早晨。植物发生这种日细夜粗的搏动，周而复始，但每一次搏动，膨胀总略大于收缩。于是，主干就这样逐渐增粗长大了。

☆为什么植物“脉搏”还会有“病态”表现？

答：其实植物的“脉搏”现象并不是什么时候都会出现的，在下雨的时候，植物的“脉搏”基本就会停止“跳动”。主干不管是在白天还是在夜晚都会持续地变粗，直到雨后转晴，主干才会重新开始收缩，这对植物而言算得上是“脉搏”的一种“病态”表现。

考考你：

你知道什么是脉搏吗？

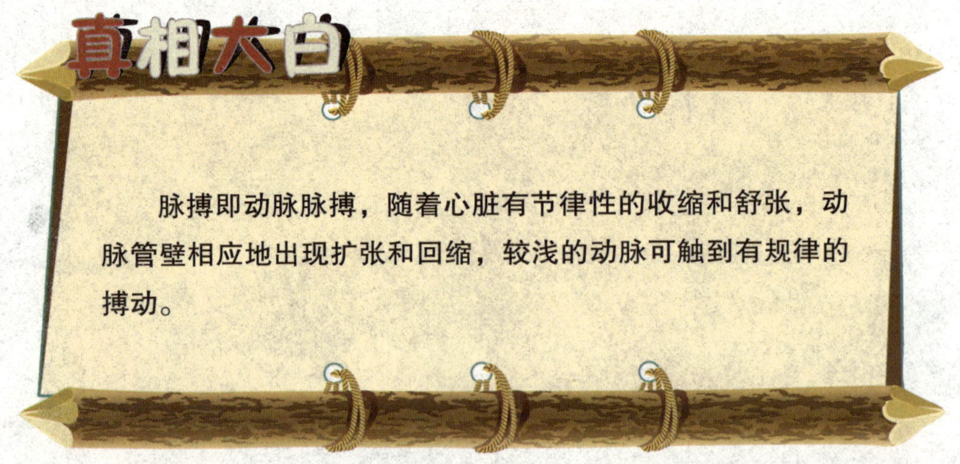

为什么会这样呢？植物身上发生这种怪现象是由于植物体内水分的运动而引起的。科学家们都是精益求精的，他们经过精确的测量发现：如果植物根部

难以解答的疑问

科学家经过长时间的观察发现，植物“脉搏”的跳动在晴天会比较明显，而在雨天则几乎会完全停止。这其中存在什么原因呢？我们知道地球上很多植物都是生长在阴暗潮湿的环境中。但是这些植物也会有“脉搏”现象啊！这又做何解释呢？还有其他什么原因会影响植物的“脉搏”呢？而且科学家已经发现很多长在阳光下的植物并没有“脉搏”，这又是怎么一回事呢？

科学家们，你们可要加油啊！

吸收的水分与叶面蒸腾的水分一样多时，主干基本上不会发生粗细变化。但如果吸收的水分超过蒸腾水分时，主干就要增粗；相反，在缺水时主干就会收缩。如果在雨天，植物吸收的水分肯定要多于蒸腾的水分，这样一来主干就会持续增大，因此也有了我们所说的“病态”表现。

考考你：

你知道关于植物“脉搏”还有什么不一样的解释吗？

我们都知道人是有血型的，人常见的血型分为A、B、O和AB型，这早为人们所熟知。不过你知道吗？其实植物也是有“血型”的，并且也分为A、B、O和AB型，是不是很神奇？

惊悚的发现

在某国，一个少女被人杀死在床上。经过侦查人员的现场侦查，发现现场的血迹中除了被害人的B型血外，还有两种血型：A型和O型。让侦查人员弄不清楚的是，在没粘上血迹的地方也出现了血型反应，是O型血。难道作案的不止一个人？不过他们对现场的指纹进行了分析，确认作案的只有一个人。这是怎么一回事呢？

这是为什么呢？

为了弄清这一现象，侦查人员请植物学家特意检验了被害人所用的枕头，原来被害人患有鼻炎，她有个习惯是用辛夷花（木兰科）做枕头，结果发现枕头内装的辛夷花是O型血。这可是一个惊天大发现，因为在这之前谁会知道植物也有血型呢?

照这样推断，此案排除了O型血的作案嫌疑者，犯罪嫌疑人的血型应该是A型，而且是一个人作案。这样调查的圈子缩小后，警方很快就把作案者捉拿归案。

考考你：

植物没有红色的血液,为什么还会有血型呢?

真相大白

原来，植物有人体中附在红细胞表面的血型物质——血型糖，不同的血型糖决定了不同的血型。比如，O型血是岩藻糖，A型血是N–乙酰–D–半乳糖，B型血是D–半乳糖。

原来如此

植物“血型”破解之谜

植物的“血”

植物的体液(营养液)

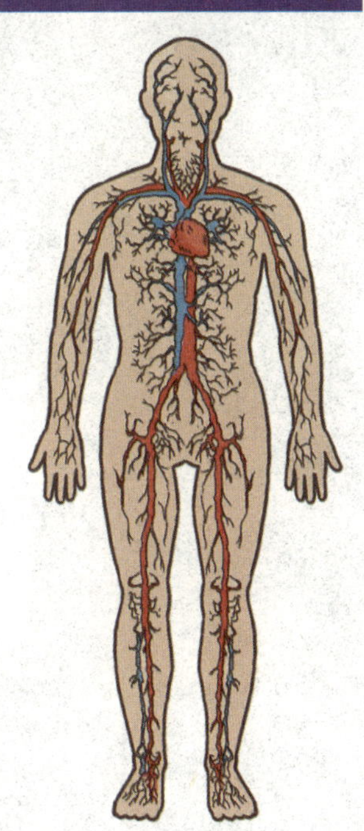

植物的
“血型”

请关注第 54 页

植物的体内有体液，和人的血液一样会在体内循环，它们担负着运输养料、排出废物的任务。液体细胞膜表面也有不同分子结构的类别。当植物的糖链合成达到一定的强度时，它的尖端就会形成血型物质。植物跟人类都是由相似的元素组成的，并且都是通过 ATP 的形式来利用能量。植物和人类蛋白质的组成在原理上完全相同，例如它们所含有的氨基酸一样，彼此能够通用，核酸也分 DNA 和 RNA，连碱基的组成也一样，在传递信息和应用密码时使用同一套方式。研究证实，植物体内存在的“体液液型”是一类带糖基的蛋白质或多糖链，或称凝集素。有的植物的糖基恰好同人体内的血型糖基相似。

那你就等着嫁不出去吧，现在还没有发现谁是 A 型血呢！

妈妈，妈妈，我长大了要嫁给 A 型血的人，因为书上说了我跟 A 型血的人最配。

扶老藤

金银花

荞麦

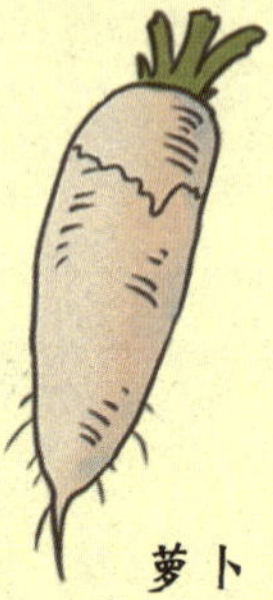

萝卜

草莓

苹果

葡萄

罗汉松

山茶花

李子

考考你：

你能说出上图植物各属于哪种血型吗？

真相大白

A 型血：未找到；B 型血:扶老藤、罗汉松；O 型血：萝卜、葡萄、山茶花、苹果、草莓；AB 型血：李子、荞麦、金银花。

你是一个喜欢做家务的孩子吗？你在家帮助妈妈洗过衣服吗？我敢肯定你们好多人都曾帮助妈妈做过这件事。如果要问你洗衣服最不能缺少的是什么，我想你们的答案肯定会有这个：洗衣粉。但是你知道吗？其实在自然界中还有一些可以用来代替洗衣粉的植物。

神奇的发现

能洗衣服的不仅只有洗衣粉，还有一些植物也可以，不信你看看。大家好，我现在是在地中海南岸的阿尔及利亚地区，这里冬季温暖湿润，夏季炎热干燥，这是典型的地中海气候。这里生长着一种十分奇特的树，树皮呈红色，枝粗叶阔。表面上看起来这种树没有什么奇特的，不过当地人把这种树称作“普当树”，意思是“能除去污秽的树”。为什么这种树有这样的名字？我们现在来做个试验，我手里有一件脏衣服，我现在将这件脏衣服绑在其中一棵“普当树”上，等几个小时后我们看看有什么结果。

（几个小时后）我们将衣服取下来看看会有什么情况。我们将这件衣服放到清水中漂洗一下。天啊！衣服竟然干干净净了。我们什么也没用，衣服竟然干干净净，看来这棵“能除去污秽的树”真是名副其实。

专家释疑

主持人：李教授，你好，我们刚才通过镜头看见了在地中海南岸地区有一种非常奇特的树，它可以用来洗衣服，究竟是什么原因使得这种树具有超强的去污能力呢?

李教授：因为这种树的树皮上有很多小孔，从这些小孔中会分泌出一种黄色的汁液。这是一种含碱性的液体，洗衣粉之所以能够去污，就是因为它是一种碱。

考考你：

洗衣时是先放衣服，还是先放水和洗衣粉？

真相大白

由于洗衣粉是粉状物，不易溶解，应先将洗衣粉用水化开，以免冲洗不净，造成残留。所以，正确的顺序是先将洗衣粉溶于水，然后放入待洗衣物，浸泡 10 分钟再洗。

我爱洗澡
皮肤好好
好清爽
水分蒸发，
碱性物留下
碱性土壤，
碱性水

没有免费午餐，
却有免费的洗
衣店
简介：
姓名：普当树
性别：不详
职业：高级洗衣工
工作单位：森林
地址：地中海南岸
座右铭：没有洗不干净的衣服，只有绑不上衣服的笨蛋
这土味道好
怪，碱性太
大了！

主持人：为什么这种树具有碱性呢？

李教授：因为这种树生长在碱性很重的土质上，再加上普当树的叶子非常宽阔，具有很强的蒸腾作用，这样就会导致水分大量蒸发，树液中碱的浓度就会大量增加。但是树本身有平衡作用，它会从土壤中大量吸收含有碱性的水分，不过这种碱性物质是排不出去的，于是就聚集在了植物的体内。

主持人：我明白了，其实我们用衣服摩擦这种树就相当于用衣服在摩擦洗衣粉或者肥皂，因此衣服会被清洗干净也就不足为奇了。

超级明信片

名称：皂荚树

产地：中国北方

性能：皂荚树是一种豆科多年生草本植物，它的果实就是皂荚。在中国北方的一些农村，人们常常将成熟的皂荚收集起来，将它们捣碎，然后用来洗衣服。

考考你：

为什么这种皂荚能够洗衣服呢？

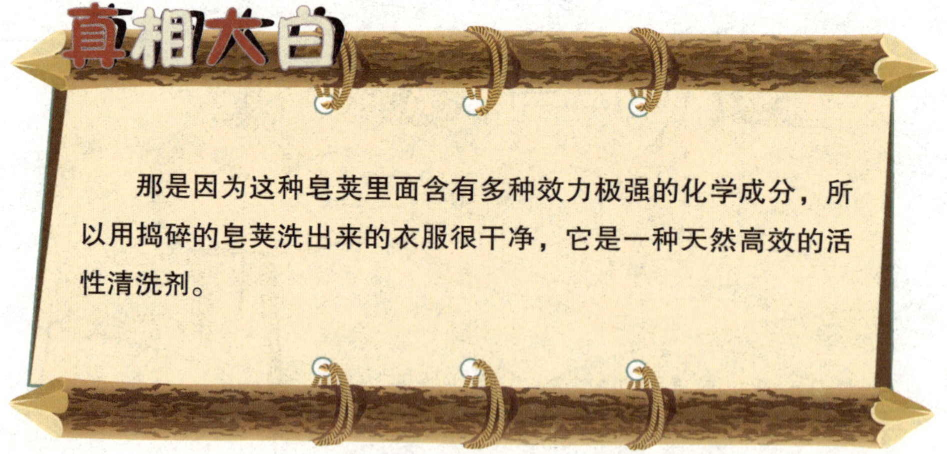

真相大白

那是因为这种皂荚里面含有多种效力极强的化学成分，所以用捣碎的皂荚洗出来的衣服很干净，它是一种天然高效的活性清洗剂。

超级明信片

名称：肥皂树

产地：南美洲

性能：肥皂树是一种常绿蔷薇科小型乔木，高约 4 米，它的果实成熟后，会裂成 10 瓣，样子很像我们平时见到的八角茴香。如果割破它的树皮，伤口处会流出很多汁液，这种汁液中含有丰富的碱性物质。当地的居民在洗衣服时，就会用刀子将树皮割破，让含有碱性物质的汁液流出来，把这种汁液当作肥皂来使用。

考考你：

你知道皂荚树除了果实可以制作润滑剂和肥皂外，其他部分还有哪些用处吗？

真相大白

皂荚树可提取多种化工原料，用于制作洗涤、染化等用品；皂荚树质地坚硬、细腻，是制作家具的上等材料；皂荚树是一种非常好的绿化树种。此外，皂荚树种子还有药用价值。

你知道刀枪不入的树木吗?

木材是我们生活中十分常见的材料，它们要么用于建筑方面，要么用来制作家具。不过在我们的印象中，木材是比较脆弱的，特别是跟钢铁相比的时候更是如此。但是世界上却有两种树，它们比钢铁还要硬，就算是子弹打到这种树上，树都不会受到伤害。这两种树木就是铁桦树和铁刀木。为什么会这样呢？这有些违背我们的常识啊。

刀枪不入"团伙"

通缉令

姓名：

铁桦树

特征：

铁桦树是桦属植物，它是一种落叶乔木。一般而言，它的身高大约为 20 米，树腰的直径约为 0.7 米，年龄在 300~350 年左右。它们的脸色呈现出一种暗红色或黑色，并且会在脸上密布着白色的斑点，身上长满椭圆形的树叶。铁桦树没有性别之分，它们是雌雄一体的，繁殖后代主

要靠种子，在风的传播下将种子带到别处。铁桦树非常耐寒，就算是在干旱贫瘠的地方也能生存下来。

出没地点：

铁桦树一般集中生长，它们主要的“根据地”在朝鲜南部和朝鲜与中国接壤的地区，偶尔在俄罗斯的南部海滨一带生长。

“犯罪”事实：

铁桦树比钢铁还要硬，简直就是刀枪不入，因此它有一个“比钢铁还要硬的树”的别称。它们比橡树要硬 3 倍，甚至比普通的钢铁都要硬上 1 倍。正因为这样，它们被人类用来做金属的替代品。当时一个叫作苏联的国家就曾经为了弥补国内金属的不足，用这些铁桦树来制造滚球、轴承等器材，主要是用在快艇上，结果证明其性能丝毫不逊于金属配件。因为这些铁桦树的质地非常缜密，所以一放到水中就会往下沉，不过它们却能够长期浸泡在水中而保持内部的干燥，不会腐烂。人类发现它们的这些特点时，就将它们运用在一些游艇或者是高精尖的器械上。而我们普通的树木，不是被人类用来当作柴火烧掉，就是用来做一些建筑的桩架。铁桦树只顾着自己享受，却不管不顾我们的悲惨生活，这是对树林王国秩序的极大挑战。现在向广大森林发出通缉令，有提供线索者，将会获得丰厚奖励。

考考你:

你还能举出刀枪不入的硬木的例子吗?

真相大白

在中国广西生长着一种叫蚬木的树，它的木材犹如钢铁，刀砍不入，钉子钉不进去，放入水里，立即下沉，就是木屑也如沙子一般，入水即沉。它是制造舰船和建筑的特殊用材。

通缉令

名称:

铁刀木

特征:

铁刀木是豆科决明属的常绿乔木，它还有一些其他的名字：泰国山扁豆、孟买黑檀、孟买蔷薇木等。它的身高一般可达20米，浑身坚硬无比，硬度可达到每平方厘米656～698千克。它们的皮肤呈黄色或者白色，不过中心部分却呈现出褐色或紫黑色，就跟铁石一般。

出没地点:

铁刀木最开始出现在缅甸、泰国、越南等亚热带地区，后来有部分迁移到了中国的台湾、两广、福建和云南等地。

“犯罪”事实：

铁刀木能够在很多地方大显身手，因为它抗病能力强，又耐腐蚀，且生长得非常迅速，寿命长，皮肤还十分好看。所以，铁刀木是制作工艺美术用品的重要材料。铁刀木的木材坚实耐腐、耐湿、耐用，是建筑和制作工具、家具、乐器等的良材。不仅如此，铁刀木的繁殖能力极强，砍伐后又能萌发，萌发枝再砍伐。这大大降低了我们普通树木在人类心中的分量，是麻烦的制造者，所以予以通缉。有知其下落者，请及时告之。

难以解答的疑问

这两种树为何会刀枪不入呢？它们生长得如此紧密的原因又是什么？人们不得而知，希望科学家们有一天能为我们解开其中的奥秘。

考考你：
刀枪不入的树木与人类智慧孰强孰弱？

真相大白

铁桦树和铁刀树都非常坚硬，甚至可以媲美钢铁，但是在人们手里同样被做成各种各样造型精美的工艺品。因此无论多么坚硬的东西都无法匹敌人类的智慧。

社会悬案

在古代希腊神话中流传着许多美丽动人的传说，其中有一个是属于爱情女神维纳斯的。维纳斯美艳无比又非常浪漫，她掌管动植物的繁衍及人间爱情。西方雕像艺术把她作为女性美的形象楷模。

考考你：

你知道神话中的维纳斯是如何诞生的吗？

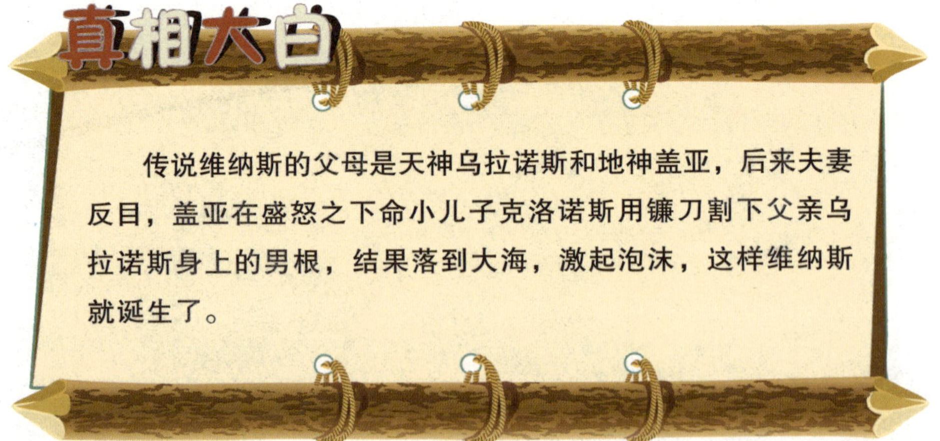

传说维纳斯的父母是天神乌拉诺斯和地神盖亚，后来夫妻反目，盖亚在盛怒之下命小儿子克洛诺斯用镰刀割下父亲乌拉诺斯身上的男根，结果落到大海，激起泡沫，这样维纳斯就诞生了。

神秘的传说

大约公元前 4 世纪时，希腊一个叫作阿海山纳的雕刻家在神话传说的基础上，通过想象用大理石创造了维纳斯雕像，她右臂下垂，手扶衣襟，左臂上伸过头，握着一只苹果，双耳还悬有耳环，堪称一件艺术珍品，后来却不小心遗失了。

发现残缺的维纳斯

维纳斯雕像并不是天生断臂的，她是如何变得残缺的呢？这有一段故事。

发现时的样子

最终的样子

那是 1820 年的春天，一个叫作伊奥尔科斯的希腊米洛农民在种地的时候挖出了一个雕像。他一看，这不是女神维纳斯吗？只见她右臂下垂，手抚衣襟，上臂伸过头，握着一只苹果。这个事情一下传了出去，当时法国驻米洛领事路易斯·布勒斯特在得知了此事之后，立即来到了伊奥尔科斯的住处，想要以高价购买这尊塑像，因为钱不够他甚至连夜让人取钱。

宝贝,你不会有事的。

但就在这个节骨眼上，伊奥尔科斯将雕像卖给了一位希腊商人，而且已经装船外运。为了争夺这尊雕像，英法两国展开了一场激烈的战斗，不幸的是维纳斯雕像的双臂在混战中被砸断了，从此维纳斯就成了一位断臂女神。

超乎想象的猜测

世界奇闻报　　2003年8月4日

维纳斯原来长着“男人手”

【本报讯】一直以来非常神秘的维纳斯的断臂终于在昨天被找到了！断臂是在克罗地亚南部的一个地窖中找到的，不过当人们看到这双手的时候都惊呆了——因为那不是我们想象中的完美的手臂，而是一双丑陋的“男人手”。当考古人员将这双手臂送到巴黎的卢浮宫，发现这双手臂跟维纳斯的雕塑拼在一起惊人地吻合。这种状况让在场的所有人都惊呆了，他们不愿意相信这样一双丑陋的手是维纳斯的手，不过在经过了碳元素的测定之后，他们确定这就是维纳斯断掉的双臂。

艺术史学家奥维蒂欧·巴托里在接受采访时说：“一个具有如此艺术天赋的艺术家为什么塑造不出来一双恰当的手臂呢？”考古学家坎贝尔·霍舍尔也对此表示了质疑：“这哪是一个女神的手啊！简直就是水管工的手啊！”

多年来人们对维纳斯的断臂进行过多次模拟拼接，但当人们发现原本的断臂却是这种情况，对于是否要将这双手接上，业界陷入了争论。本报也将继续追踪此事。

记者：聂奇

考考你：

你知道维纳斯有几个名字吗？

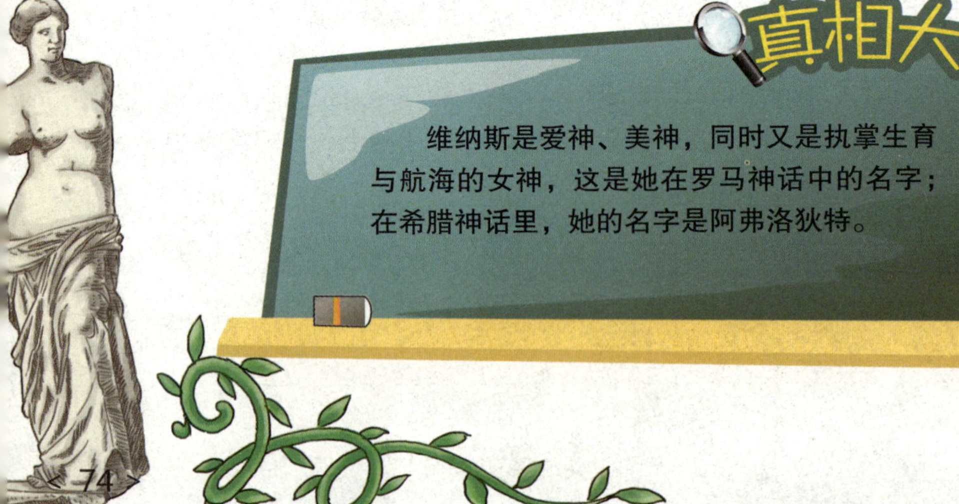

辩论海报

辩论题目：维纳斯断臂是否该复位

正方观点：断臂应该复位

辩论人：古塞比·韦斯伯（艺术评论家）

理由：“这是一个历史性的发现，雕塑应该被恢复原状。”

反方观点：断臂不应该复位

辩论人：巴托里·巴托里（露德维国家艺术馆的历史学家）

理由：“这双畸形的手臂实在令人不舒服，我敢肯定创作者正是因为这个原因才将它们从维纳斯雕塑的主体上取下的。他知道如果没有这双难看的手臂，作品反而是完美的。”

时间：2020 年 7 月 23 日下午 2 点

地点：人民艺术馆

欢迎各位届时光临

考考你：

你知道维纳斯的孩子是谁吗？

真相大白

在古希腊传说中，爱与美之神维纳斯与战神阿瑞斯是一对夫妇，他们生下了一个可爱的宝宝，那便是人们熟知的拿着弓箭的小爱神丘比特。

金字塔是世界七大奇迹之一。一直以来，金字塔都备受世界关注，特别是它的建筑，更是成为一些人终生研究的课题。整体而言，金字塔是一个立着的四棱锥，就像是我们汉语中的“金”字一样，所以我们将它叫作金字塔。为什么金字塔要修成这个样子呢？它有什么奇特之处吗？这就是我们一直关注的焦点。

匪夷所思的发现一

1954 年，人们对埃及的胡夫金字塔进行了清理，下面是当时一位清理人员的考古记录。

考古记录：

胡夫金字塔里面主体是石墙，顶部用巨大的石灰岩石料封顶。我们在拆除了部分石墙之后，发现了两个巨大的石坑，这石坑是在石头上直接开凿出来的。一开始我们以为石坑里是法老和他的王妃，或者是金银财宝，但都不是，石坑里放着一条被拆卸掉的古船。

我们查看了这条船，发现船身细长，船头和船尾高高翘起，有长达 43 米的甲板。船壳采取纵向缝合的方式，然后用钢箍加固，接合处涂抹防水剂。船上用的桨，跟中国的梭镖差不多。

我们在继续挖掘之后，又发现了另外一条三桅帆船，同上一条古船极其相似。

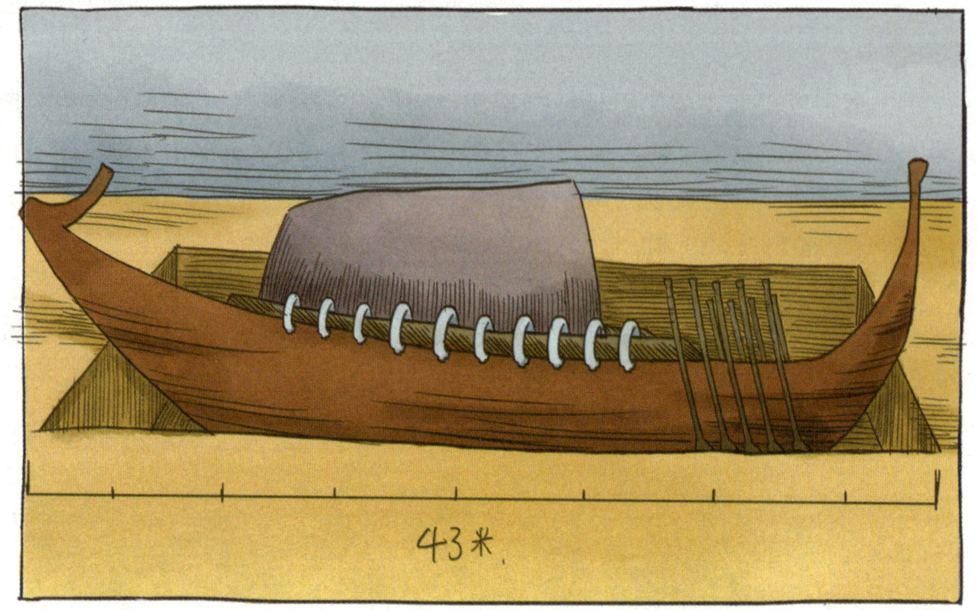

这条古船当时到底有什么用途呢？为什么会有两条船埋在金字塔里面呢？一些科学家进行了讨论：

科学家甲：我认为这些船是灵船，也就是用来运送胡夫尸体的船。为什么会有两艘船呢？是因为其中一艘船用来运载石棺，另一艘船用来运载内棺和尸体。这样两条船一前一后向着金字塔脚下的一座庙宇驶去。到达目的地后，尸体和棺材被抬上岸，沿专门修建的道路抬进庙里，而船只就被留在了那里。

科学家乙：我不同意这种说法，因为在胡夫时代，尼罗河平原到处都是河流，因此船是当地一种极其重要的交通工具。但是发现这两条船的时候它们已经被卸成了上千块，这讲不通呢。

科学家丙：在埃及的许多墓室壁画中，我们都发现了上面有这样那样的船。我们知道古埃及的人会乘船在沼泽地或芦苇荡中打猎。古埃及人也造海船，跟地中海的其他国家进行海上贸易。不过埋藏在胡夫墓中的这两条船到底是用来做什么的，还真是让人难以理解。

? 考考你：

你知道电影《变形金刚》中的金字塔有什么用处吗？

电影《变形金刚》的第二部把金字塔描绘成外星人用来收集能量的工具，并因此进行了一场正义与邪恶的殊死搏斗，最终正义的一方获得了胜利，保护了地球。

匪夷所思的发现二

20 世纪 40 年代，有人在金字塔里做了一个轰动一时的实验：

他们将一些刀口很钝的刮脸刀放置在金字塔里，在放置了12个小时之后，刮脸刀竟然变得锋利无比，并且这样处理后的刮脸刀还变得十分耐用。不过实验的前提就是必须将刀口朝着南极或者北极。

为什么金字塔竟然能够将刮脸刀磨快呢？一些科学家发现，金字塔内部有强大的磁场。科学家把铁屑散布在金字塔周围，结果铁屑构成了一条条不寻常的奇妙曲线。这到底是怎样的一种磁场呢？现在不得而知。

考考你：

你知道金字塔有何神奇之处吗？

真相大白

把一枚锈迹斑斑的金属币放进金字塔，不久，它就会变得金光灿灿；假如把一杯鲜奶放进金字塔，24小时后取出，仍然鲜美清新；如果你头痛，到金字塔去吧，一会儿就能解除病痛。

其实有关金字塔的秘密还不止这些，有人认为金字塔里面聚集着巨大无比的能量，它能够影响到四周的气候变化；有人认为金字塔是很早以前的文明人修建的，他们在离开这里之前为了防止别人破坏他们的创造物，于是利用金字塔的能量将周围的一切摧毁，使之成为一片茫茫沙漠……不过这种猜测到底真实与否，还需要科学家继续考证。

考考你：

你知道金字塔是何人所建吗？

真相大白

有人说金字塔是外星人所建，是他们到地球上来的一个降落点，还有人说胡夫金字塔是由失踪的亚特兰蒂斯岛先民所建。

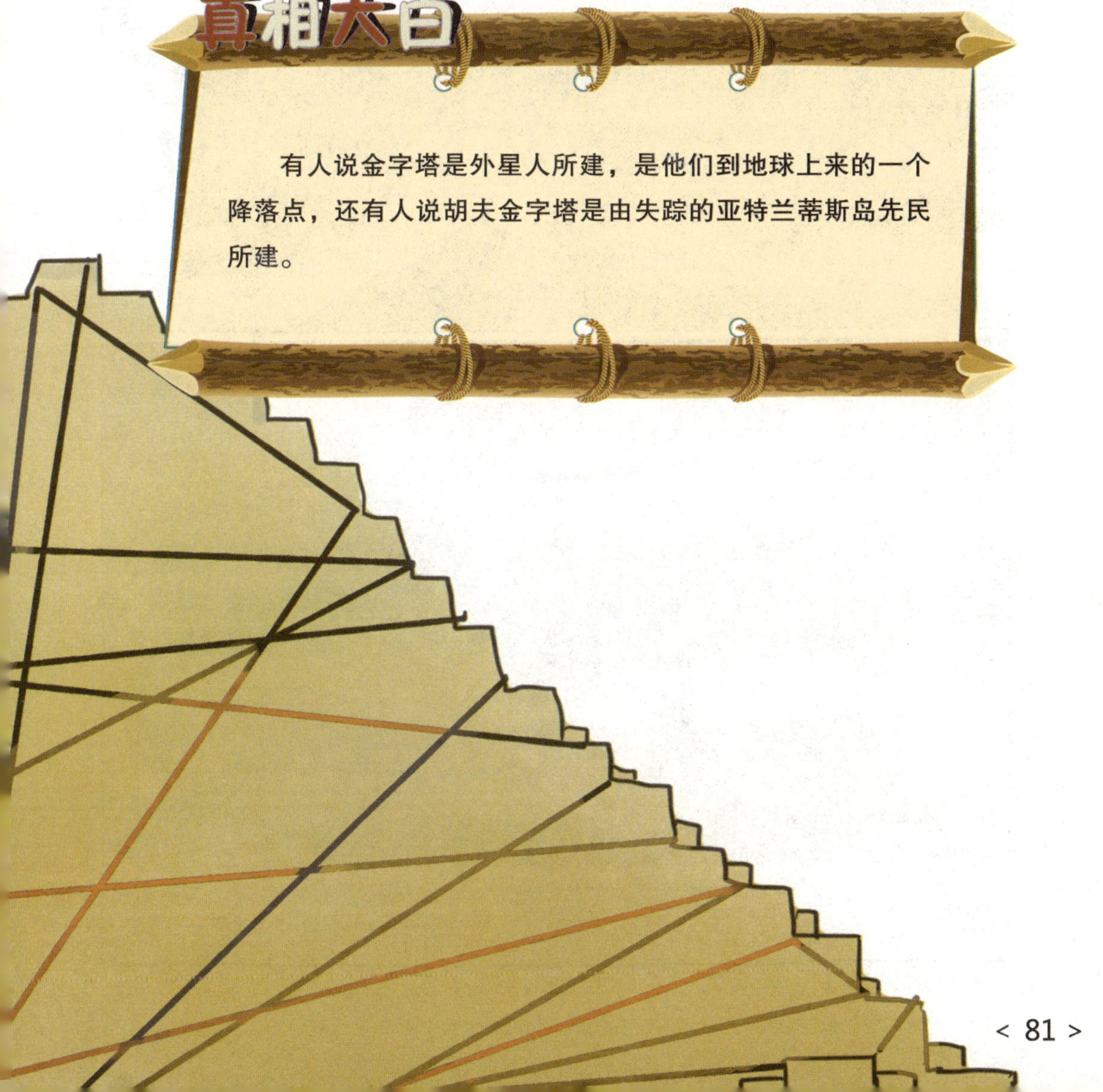

木乃伊写下的神秘之书有何寓意

很多年前……

伊特拉斯坎人生活在意大利半岛，聪明的伊特拉斯坎人在意大利半岛进行贸易活动，制造精美的艺术品，他们交易的时候讲着我们现代人听不懂的伊特拉斯坎语言。

伊特拉斯坎人在意大利半岛生活了三百余年，后来被势力日渐强大的罗马人赶走。因为伊特拉斯坎人与希腊、北非等均有广泛的贸易往来，所以无法确定伊特拉斯坎人是从何处迁来的。这个民族带着太多的谜团消失了……

考考你：

永世的诅咒真的存在吗？

真相大白

除木乃伊书外，木乃伊还有着很多神奇的传说。据说有着不沉之船称号的“泰坦尼克”号游轮的沉没就与一具埃及公主的木乃伊有关。神秘的诅咒真的存在吗？

若干年后……

大约在19世纪，匈牙利总理公署的一位官员从非洲带回来一件纪念品，由埃及运往欧洲，可是纪念品还在半路上的时候，这位官员就死了。

于是，这件纪念品就被辗转送到萨格里布博物院。博物院的人员拆开木乃伊时，在内层裹布上发现了一份文献。

原来这件纪念品是一个木乃伊啊！

考考你：

在古埃及陪伴木乃伊的是什么？

真相大白

古埃及人将动物制成木乃伊，动物木乃伊是为了在死后的永恒中为逝者做伴；另一些是给死者准备的食物；还有些动物是因为它们被视作某位神灵的化身而被制成木乃伊的。

于是，“木乃伊书”这一名称流传了下来。这块布上写的文献就是用伊特拉斯坎文写的。尽管经过研究后证实这个女性木乃伊并不是伊特拉斯坎人。

直到现代……

科学家们还是没有破解伊特拉斯坎人的文字，人们还在对伊特拉斯坎人和他们的文字进行着不懈的研究。

考考你：

在古埃及是否只有王公贵族死后才会变成木乃伊？

真相大白

当然不是，在世界各地都出现过木乃伊，大多数木乃伊生前都是普通人。因为种种原因，他们的尸体被保存了下来。他们可能是冰人或是干尸。只要骨头上有组织，就是木乃伊。

挠头的谜题一

相传，商王武丁有一位美丽的皇后，名叫妇好。她文武双全，能征善战，立下了赫赫战功，深得武丁的宠爱和尊敬。妇好死后，武丁非常悲痛，他用奢华的珍宝为妇好殉葬，并且破例将“妇好”埋在殷宫殿区的西南隔。

1976 年，考古者在河南安阳发现了奢华的“妇好”墓。墓中出土的大量青铜器中，其有一半以上铸有“妇好”二字。而在商代甲骨文卜辞中，“妇好”多次与征战之事连在一起，如“妇好令征夷”“妇好征伐十方”等。所以，考古学界认定，这就是商王武丁的皇后妇好的墓，墓的奢华程度也从侧面印证了墓主人的非凡身份。

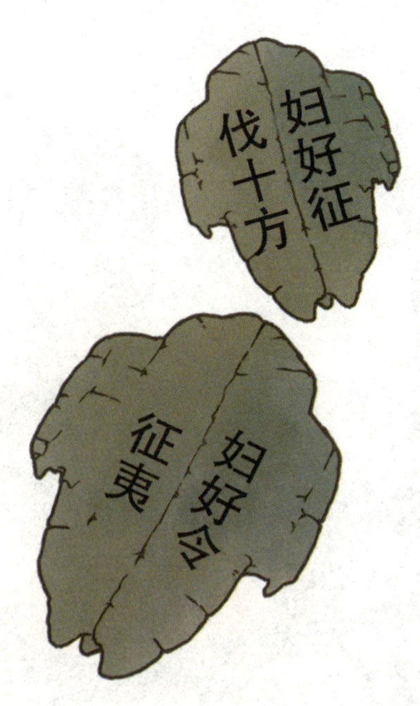

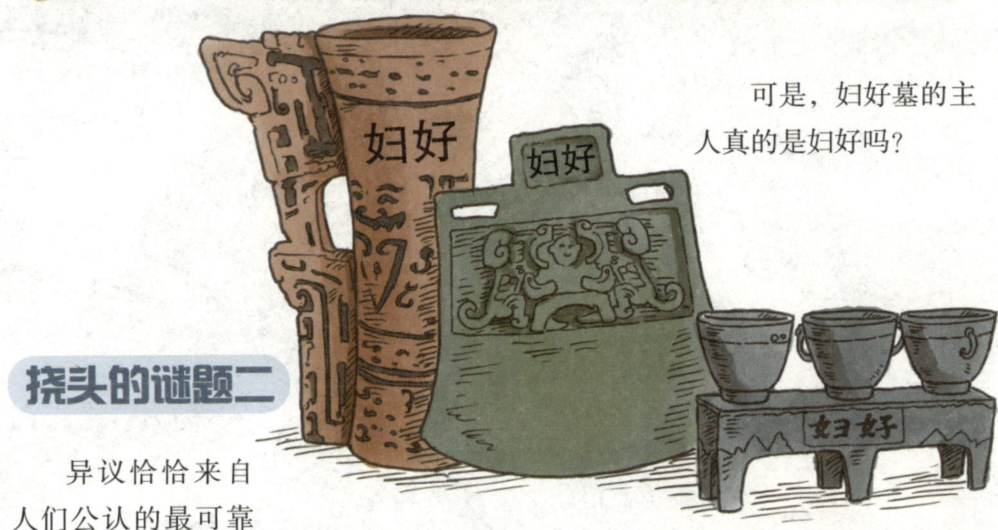

可是，妇好墓的主人真的是妇好吗？

挠头的谜题二

异议恰恰来自人们公认的最可靠的手段——青铜器上的铭文，妇好墓中的青铜器上有太多太多的“妇好”铭文出现，就如同我们在大量的瓷器上书写“吉祥”“如意”一样。因此，“妇好”两字的含义，不能不令人产生怀疑。

考考你：

你知道与妇好同为中国古代十位著名女将军的还有谁吗？

商代妇好；晋朝荀灌；前秦苻登妻毛氏；梁末洗夫人；唐平阳公主；南宋末割据者李全之妻杨氏；南宋末杨招讨；明唐赛儿；明朝秦良玉；太平天国女将军苏三娘。

将士们，进攻！

而且，如此地强调和凸显墓主人的名字是非常不合常理的，在中国古代历史上，即使是显赫的帝王，其墓中也没有此类现象出现。

况且，如果真像传说所说，武丁深爱着这位皇后，那为什么没有和她合葬？

另外，如此一位驰骋沙场、威震天下的美丽皇后，如此奢华的陵墓，为什么在史籍中鲜有记载，而是多存在于传说中？

考考你：

妇好墓的主人还有可能是谁？

真相大白

有人认为，即便“妇好”是名人，墓主人妇好也不是武丁的妻子，她只不过是殷朝派遣到阴间的巫女。或许在历史上作为商王朝武丁的皇后——“妇好”根本就不存在。

但是如果换一个思维，不把“妇好”作为人名，而是代表“大吉”“大利”之意，比如“很好”“大好”的话，那么上面的问题就都可以迎刃而解了。妇好墓葬的很可能不是人，而是钱财，很可能是商王朝在建立皇陵之前，为了讨好地下的鬼神，用一名少女作为新娘，又将大量

财宝作为嫁妆深埋地下，献给鬼神，以保佑自己的王朝世代安康。因为地下的鬼神也是有等级的，所以妇好墓中的财帛才分层下葬。

至于在甲古文中的那些卜辞，比如："妇好令征夷""妇好征伐十方"，我们可以解释为"很好，可令征夷""极好，可征伐十方"。那些让"妇好"嫁给前几代帝王的荒唐卜辞，也能得到合理的解释。

考考你：

你知道科学家对妇好墓中出土的玉人有着怎样的猜测吗？

真相大白

在妇好墓中出土过一个跪坐的玉人，更神奇的是还有一个不明物体从玉人的左侧插入后背。科学家们猜测，这个玉人可能是妇好的自身形象，也可能是一个巫师的形象。

不靠谱的结论

妇好墓留给人们的疑惑非常之多，目前还没有更多的实物和发现来做出定论，一切都只能停留在猜测阶段，这依旧是一个未解之谜。

护珠斜塔历经千年为何不倒

挠头的谜题

在上海的郊区，有一座护珠塔。这座塔不知何时开始不断倾斜。现在，它的倾斜程度已经超过了世界闻名的比萨斜塔。比萨斜塔倾斜 5°16′，而这座塔的倾斜度却已达到了 6°52′。

这座塔建造年代是北宋元丰二年（1079 年），建塔人叫周文达。由于他征战有功，高宗就赏赐了他两件宝贝。一件就是打仗用的银色盔甲，另外一件是五色舍利子。

舍利子是古代修炼有成的高僧在火化后，遗留下的骨头。周文达拿到宝贝后，一直希望把这两件宝贝供藏起来，选来选去终于把藏宝地点选在了自己的老家松江天马山。

接着，周文达在山上建了一座家庙，把银盔甲供在家庙里，然后专门为保藏舍利子而在山上建了一座塔，取名护珠塔。

出于对皇家赏赐的尊重，周文达当然不可能建一座斜塔。所以，至少在明代，护珠塔并不倾斜。

那么，到底是什么原因使护珠塔如此倾斜？

神级的回复

传说，几百年前一个漆黑的夜晚，几个神秘人来到护珠塔脚下。他们用镐在塔底刨个不停，一阵忙碌后，他们像是发现了什么宝贝一样。这之后，只要夜晚来临，护珠塔的脚下就会时不时地出现挖宝人。终于有一天，护珠塔塔底被挖出一个大洞。从此，护珠塔就越来越倾斜了。

可是，舍利子真的是在塔底被偷的吗？按照江南古塔的结构，五色舍利子最可能藏在塔叉的顶部。塔砖结构中有一个天宫，天宫里有一个银匣藏

在里面，在盖顶的时候再把它封起来。

还有一种传说，自从护珠塔里藏了舍利子后，人们从四面八方赶来朝圣。因此，很长一段时间，这里的香火很旺。到了乾隆年间，朝拜时焰火掉在塔心里，造成了火灾，烧毁了塔心木和各层木结构，导致了塔身的倾斜。

千年古塔又是遭到大火焚烧，又是塔基被破坏，塔身严重倾斜，却一直坚强地斜而不倒，屹立于天马山巅。这真是一个难解的谜。

考考你：

科学家对护珠斜塔千年不倒有哪些猜测？

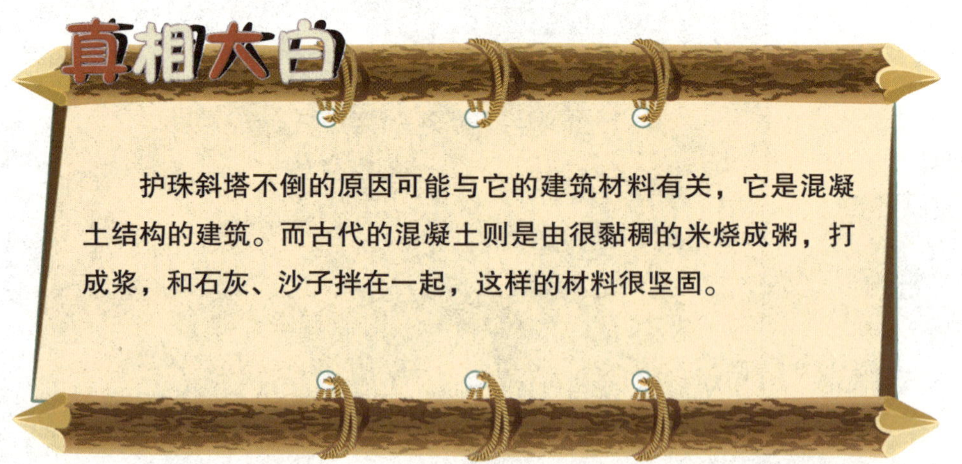

真相大白

护珠斜塔不倒的原因可能与它的建筑材料有关，它是混凝土结构的建筑。而古代的混凝土则是由很黏稠的米烧成粥，打成浆，和石灰、沙子拌在一起，这样的材料很坚固。

考考你：

除了护珠塔，世界上还有斜塔吗？

在世界上，除了中国的护珠塔外，还有一座世界著名的斜塔，即意大利比萨斜塔，目前它已成为意大利的著名旅游景点。

人们在抢修护珠塔时发现，尽管护珠塔的上部已倾斜，可是，塔身埋入地下的部分却丝毫不曾松动。人们认为这是塔斜而不倒的主要原因。

关于护珠塔的地质研究

护珠塔建造在天马山沉降不均匀的地基上，东南方向的土质较为松软，而西北方向的土质则比较硬。因此，塔才会向东南方向倾斜。

江浙一带总是刮东南风，护珠塔建在天马山顶，四周空旷，所受东南风风力更强。所以，护珠塔的倾斜力与风力相均衡，风力还可以有支撑塔身的作用，从而使护珠塔斜而不倒。

未确定的结论

尽管众说纷纭，可人们却看到了一个事实：在护珠塔遭大火焚烧后的二百余年中，有数不清的狂风暴雨来袭。山下的房屋吹倒了，塔下的大殿吹倒了，黄海地震时上海市区的房屋不停摇摆……可是，护珠塔还是在天马山巅屹立不动。

挠头的谜题

庐山有一种奇特的自然现象——千百年来，佛灯闪烁变幻的样子十分特别，成为一种罕见的自然奇观。

在庐山观佛灯的地点位于大天池旁的文殊台。在没有月亮的晚上，山下黑漆漆的幽谷间，会突然现出荧荧的闪光，或白或绿，闪光一会儿大一会儿小，一会儿聚拢一会儿分散，一会儿明亮一会儿消失。有时还会变换位置，就似一盏盏的灯笼。

那么，这神秘的佛灯现象究竟是如何产生的呢？

考考你：

你能说出其他佛灯的传说吗？

真相大白

除了庐山佛灯以外，在中国的峨眉山和青城山等名山也流传着有关佛灯的传说。在这些地方，每到月隐之夜，山下黑沉沉的幽谷间，会突然涌现出十到数百处萤火光。

未确定的结论

今人的解释也各具特色：有的说这是山下灯光的折射，有的说是星光在水田里的反射，有的说是萤火虫部落在开舞会，还有的说是山里边蕴藏着能发出荧光的奇特矿石。

在众多的说法中，大多数人认可的是磷火说。此说认为，佛灯，就是民间所传说的“鬼火”，是大山之中死去千百年的动物骨骼里面所含的磷质，或是含磷的地层所释放出来的磷质，在空气中自燃所形成的。

但有的研究者认为，磷火说的破绽也不少。一是磷火大部分贴近地面慢慢游走，不可能升得太高，更不可能“高者天半”或“有从云出者”；二是磷火的光十分微弱，而庐山文殊台的海拔在千米以上，把磷火看得那么清晰，那才是有鬼呢！

考考你：

科学家对佛灯自燃的成因研究得如何了呢？

真相大白

有人见过能发光的树桩，经研究后发现是由于一种细菌导致的，可见神秘现象是可以用科学来解释的，虽然人们目前还无法解释佛灯自燃的原因，但必然会有揭晓谜底的一天。

还有人认为，这种现象是天上的星星反射在云上产生的。晚上没有月亮时，驾驶飞机在云上飞行，铺天盖地的云层好似镜子，从上向下看，看不到云影，只能看到云反射的无数星星。而在月黑星灿的夜晚，若有云

层飘浮在庐山大天池文殊台的下面，天上的星星反射在云上，就极有可能出现佛灯现象了。

因为半空中的云层有高有低，飘移不定，因此它反射的星光也不固定。可能在一个角度里反射这一片，而在另一个角度里反射另一片，造成了变化无穷的佛灯现象。

可是，如果事实果真如此，为何在其他山区就不能见到这种云层反射星光的现象呢？甚至就在庐山上面，也只能在特定的地方才能尽展佛灯的风采。由此看来，这种说法还是不能作为定论。

考考你：

你知道佛灯何时出现吗？

真相大白

佛灯现象不经常出现，居住在山上几十年的人，也难得看见一次，所以这一千古疑案至今悬而未决。

佛灯
什么时候
出现啊！

历史上有过哪些关于“时空隧道”的离奇事件

你是不是听说过“洞中方一日，世上已千年”这样一句话，这是古人得道成仙之语。自以为懂得一些科学知识的你是不是曾自信地以为这样的说法是天方夜谭、一派胡言呢？其实，在现实生活中，这样的事情确有发生，这就是当前欧美科学界热衷探索的超自然现象，也就是我们常常说的“时空隧道”……

有这样一个谜

在人类历史上，发生过很多有关“时空隧道”的离奇事件，我们来看看都有哪些，它们又有多么离奇。

飞了近五十年的飞机

1990 年 9 月 9 日，在南美洲委内瑞拉的卡拉加机场的控制塔上，人们突然发现一架早已淘汰了的“道格拉斯”型客机飞临机场。

当飞机降落在机场时，机场的工作人员问飞机上的人：“这里是委内瑞拉，你们是从哪里飞过来的？”飞行员听了之后惊叫道：“天啊！怎么可能，我们是泛美航空，在风的公司 914 号班机，由纽约飞往佛罗里达州的，现在的误差竟达到了两千多千米？”之后他将飞行日志拿出来一看，这架飞机是 1955 年 7 月 2 日

我们是 914 号航班。

你们从哪里来的？

爸爸

妈妈

起飞的，这架飞机的降落竟与起飞时间相隔 35 年。机场人员以为他们是在说谎或恶作剧，他们打电话去航空公司证实，结果发现 914 号班机确实在 1955 年 7 月 2 日从纽约起飞，飞往佛罗里达，突然途中失踪，一直找不到，机上的 50 多名乘客全部都赔偿了死亡保险金。这些人回到美国的家里真令他们的家人大吃一惊。孩子们和亲人都老了，而他们仍和当年一样年轻。相关工作人员经过核实，证明这一切都没有什么问题，这次事故就显得更加神秘了。

无缘无故消失的汽车

1968 年 6 月 1 日深夜，两辆汽车疾驰着，后面车上坐着律师盖拉尔德·毕达尔博士夫妇，前面车上坐着他们的朋友。他们要去探望熟人，从布宜诺斯艾利斯南面的查斯科木斯市到南边 150 千米的买普市。

渐渐地，两车拉开了距离。当前面的车临近买普市郊时，后面的车不见了。于是，两人决定在那里等一下后面的博士夫妇，不过等了半个小时、一个小时……就是不见盖拉尔德·毕达尔博士夫妇出现。

难道他们遭遇了车祸？第二天，所有的亲戚朋友全部出动去找盖拉尔德·毕达尔博士夫妇，结果所有的地方都找遍了，却连他们的影子也不曾看见。两天过去了，正当他们要报警的时候，一个长途电话从墨西哥打来，说是有一对自称毕达尔博士夫妇在墨西哥城。

盖拉尔德·毕达尔博士夫妇怎么从阿根廷到了墨西哥呢？他们说，他们的车离开查斯科木斯市不久，车前突然出现白雾状的东西，一下子把车包围了。惊慌中他们踩了一下刹车，不一会儿，便失去了知觉。等到他们醒过来的时候，他们就已经到了墨西哥。

由阿根廷的查斯科木斯市到墨西哥城，直线距离也在6 000千米以上。就是坐船、乘火车或者是汽车，都不可能在两天之内到达。这件事简直奇怪透了！

考考你：

你知道“泰坦尼克”号游轮的遇难者后来神秘出现吗？

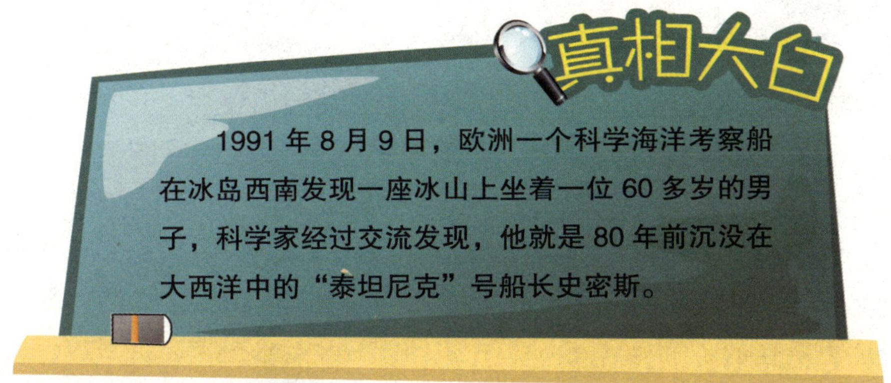

真相大白

1991年8月9日，欧洲一个科学海洋考察船在冰岛西南发现一座冰山上坐着一位60多岁的男子，科学家经过交流发现，他就是80年前沉没在大西洋中的“泰坦尼克”号船长史密斯。

莫名其妙消失的人

1975年某一天晚上21点16分，一列莫斯科地铁从白俄罗斯站驶向布莱斯诺站。本来这趟地铁只需要14分钟就可以抵达下一站，不过就在这14分钟之内，那辆满载着乘客的地铁突然消失得无影无踪了。之后，警察和地铁管理人员在内务部派来的专家指挥下，对全莫斯科的地铁线展开了一场地毯式的搜索。最终，他们也没有找到那辆地铁和上面的几百名乘客。

考考你：

你听说过英军士兵事件吗？

真相大白

1915 年，英国与土耳其之间发生了一场战争。那天英军很英勇地爬上山冈。突然间，空中降下了一片云雾。这片云雾呈淡红色，并有光芒。当云雾散去的时候，山顶上的士兵竟然全部消失了。

“时空隧道”假说

“时空隧道”是客观存在的。它虽然是物质性的，不过却看不见，摸不着，对于我们人类生活的物质世界，它既关闭，又会偶尔开放。

“时空隧道”的时间体系跟人类世界不一样，它有可能回到遥远的过去，或进入未来。因为在“时空隧道”里，时间具有方向性和可逆性，它可以正转，也可倒转，还可以相对静止。

地球上的物质一旦进入到“时空隧道”，就会神秘失踪；而从“时空隧道”中出来，又会神秘再现。由于“时空隧道”里时光可以相对静止，所以失踪几十年就像一天或半天一样。

考考你：

你是如何理解“能吞能吐”的时空隧道的呢？

真相大白

对于地球上的物质世界，进入“时空隧道”，意味着神秘失踪；而从“时空隧道”中出来，又意味着神秘再现。由于“时空隧道”里时光可以相对静止，故而几十年就像一天一样长。

说到南极洲，我们的第一印象就是它是地球最南端的一块大陆，除了在冰天雪地里生活着一些极地动物之外，人类是无法生存的。因为这样一个气温极低的地方无论从哪方面来看都是不适宜人类居住的，不过如果有人跟你说，在这块大陆上曾经有人居住过，你或许以为他是在胡说。不过，相关的科学证据却表明，这有可能是事实。

古迹追踪 玛雅文明消失之谜 (美)埃里·乌姆兰德 克雷格·乌姆兰德著	过去的南极洲并不是全部被冰层覆盖，那里曾经是适宜人类生存的地方，那里非常有可能是神秘的玛雅人在地球上生活的第一个基地。在南极洲的冰层下，很可能还遗留着他们用过的器材，甚至还会找到玛雅人的遗体。

有这样一个假说

在公元前 10000 至 5000 年，地球上就存在着人类文明，并且那个文明在航海、绘图、天文等方面的水平都不低于 18 世纪时的水平。那个时期南极洲气候温和，非常适宜人类居住，并且那个时期南极洲也是地球上的文明中心。那为什么这一人类文明中心消失了呢？大约在公元前 10000 年以后，南方大陆渐渐结冰；也可能是因为南极长期洪水泛滥，将所有的史前物质文明给毁掉了，只有少部分文明幸存了下来。

考考你：

你听说过南极洲外星人基地的事情吗？

真相大白

人造卫星曾在南极大陆（内部）发现了一座城市！这座城市的建筑别具一格：四周有一层看不见的隔温层，大圆顶的房屋，宽阔的道路，绿树成荫，温暖如春。这真是外星人的基地吗？

超乎想象的猜测

事实一

☆1892年，有一个叫作卡尔·拉森的探险家曾在南极半岛尖端附近的西摩岛登陆，他在这里发现了很多已经石化了的树木，但是这些树种只能够在温暖的地带生长。这就说明，南极洲并不是一开始就是冰天雪地的，在那过去的某个遥远的历史年代，南极洲这块大陆也有过非常温暖湿润的岁月，所以那里有着茂密的森林和辽阔的草原，那里曾经是许多动物和植物的家乡。

考考你：

南极曾经是人类文明的发祥地吗？

真相大白

持这种观点的代表人物就是大名鼎鼎的爱因斯坦。他认为在一万多年前，南极大陆的气候是非常温暖的，而这里也曾有过高度发达的古文明。因气候变冷，南极大陆才成了今天这个样子。

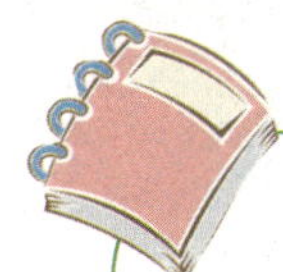

事实二

☆20 世纪的一些古生物学家对南极古生物化石的研究显示，南极洲 2.5 亿年前的极地风貌与今天的完全不同。当时南极附近的岛屿上布满了森林，地质学家已经在那里发现了三种南极古老落叶植物及其他多种树叶的化石。

推测一

或许因为地壳突然发生了变动，进而引发了一场巨大的灾难，于是洪水淹没了整个世界，也淹没了曾经传播文明的王国和人民。

推测二

或许因为地球气候发生了变化，所以南极大陆逐渐被冰雪覆盖了，曾经的史前文明被厚厚的冰层雪藏，其实南极的史前文明根本就没有完全消失。

推测三

或许这种南极文明仍然存在，只不过后来南极不适宜人类居住了，所以他们将这种文明传给了埃及人或者闪米特人。

考考你：

你听说过南极海域的“欺骗岛”吗？

真相大白

欺骗岛是一片黑色火山岩形成的小岛。据说，20世纪初的某天，南极海域大雾弥漫，有人偶然发现雾中有个岛，可海水一涨，这个岛又不见了，“欺骗岛”由此得名。

为何会有奇特的空中"录音"

你是不是有时会在某个时候突然听到了某种声音，像鞭炮、火车、枪声、狗叫……但是当你停下来仔细察看的时候，却什么都没有。于是你就以为是你听觉出问题了，或者是自己出现了幻觉，或者……总之，这事儿就这样过去了。其实，或许你听到的东西都是真实的，真有一种奇特的空中“录音”现象。

什么也没有啊？

警察局的一份笔录

笔录

报案人：诺顿太太等一行5人

报案时间：1951年8月4日14时

报案记录：

我们是来法国度假的，1951年8月3日是我们留在法国的最后一日，我们准备在第二天返回英国。不过就在8月4日凌晨，我们被一阵阵炮火声给惊醒了。当时的时间是早上4时20分，我们以为外面发生了什么事情，于是起床向外张望，不过外面静悄悄的，既没有车辆，也没有枪声。

一开始，我们以为自己出现了错觉。不过后来我们确认这些声音确实存在，感觉就像从战场上传出来的，并且越来越猛烈。在接下来的三个小时里，我们根本无法入睡，于是我们就将当时我们听到的声音完全记录下来了。

4时左右，听到声音很大的喊叫声，其中还夹杂着炮声和越来越响的轰炸声。

4时50分，突然一切都静寂下来了。

5时7分，好像是俯冲轰炸机发出巨大的声音，同时伴有微弱的喊叫声。

5时40分，一切又重归静寂。

5时50分，突然又传来大批飞机的轰鸣声，其中还夹杂着微弱的嘈杂声。

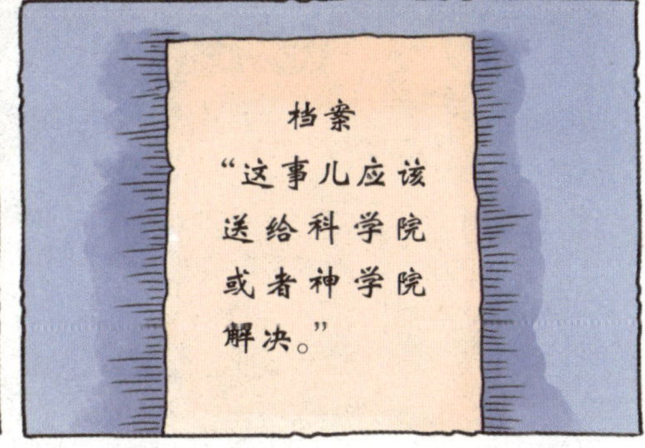

考考你：

你听过“茅山军号”一事吗？

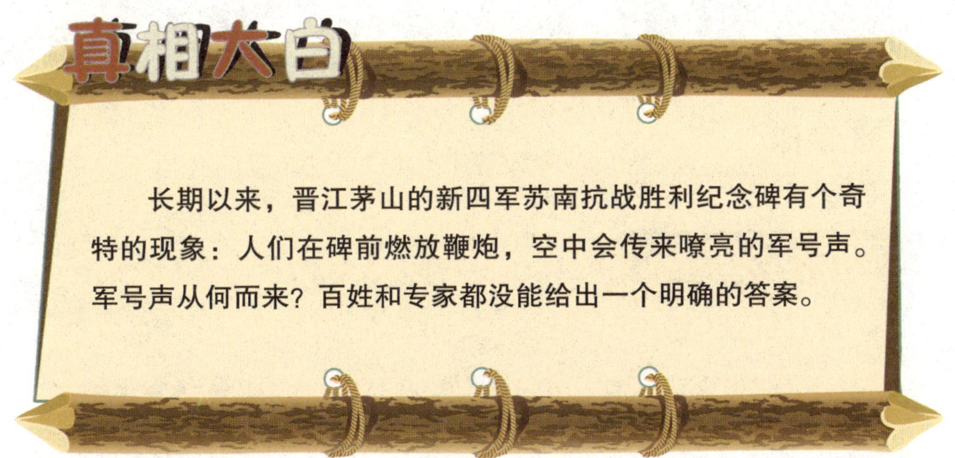

第二次世界大战是从 1939 年至 1945 年法西斯同盟与世界反法西斯力量之间的一场全球规模的战争。诺顿太太等人听到的声音正是来自于这场战争。

考考你：

磁铁的磁性能消失吗？

真相大白

磁铁受到剧烈撞击时会使其磁性减弱，当它受到火烤时会失去磁性，因为剧烈的撞击和高温会使磁铁中的分子运动速度加快，排列无序，进而失去磁性。

绝密档案

战争名称：第二次世界大战之诺曼底登陆

战争时间：1944 年 6 月 6 日至 1944 年 8 月 25 日

战争性质：法西斯同盟与世界反法西斯力量之间的一场全球规模的战争

战争过程：

1944 年 6 月 6 日上午 3 时 47 分，同盟国战斗机与德国战舰交火，驻扎在海滩上的双方部队互相射击。

4 时 50 分，部队在普维斯登陆，然而计划执行时间仍比原定时间晚了 17 分钟，在此期间，枪炮声停了下来。

5 时 7 分，登陆船只在炮火的猛烈攻击下强行冲上海滩，接着驱逐舰炮击达埃比，飞机在空中向海滨建筑物扔下炸弹。

5 时 40 分，海军停止炮击。

5 时 50 分，盟军空军增援部队到达，与德军飞机在空中遭遇。

谜从哪里来

一份警察的办案记录

接到报案后，我们迅速调查了他们旅馆附近的居民和客人，但他们都异口同声地回答说没有听到任何声音。我们也查了有关这场战争的记录，这都是军事机密，这几个旅游的人是不可能知道的。那他们又是如何得知那场战斗的详细情况呢？他们居然在9年后在当年盟军登陆的地方听到同那场残酷战争那么相符的声音。我们还怀疑他们是不是身体上出了什么问题，特意对他们做了相关的身体检查，不过检查结果证明他们身心健康。

超乎想象的猜测

为什么会出现上面的怪现象呢？一些科学家认为，整个地球是个大磁场，除磁铁矿以外，很多东西都可能具有磁性，只不过有强有弱罢了。在磁场强度较大的环境里，当有适宜的温度、湿度、地电等条件时，人物的形象、声音就很可能被周围的建筑物、岩石、铁矿或是古树记录并储存下来。一旦以后遇到

相似的温度、湿度或放电等条件，这些被储存下来的图像或声音就可能会被释放出来，所以也就有了奇特的空中“录音”。

考考你:

空中“录音”与铁钛合金的物质有关吗?

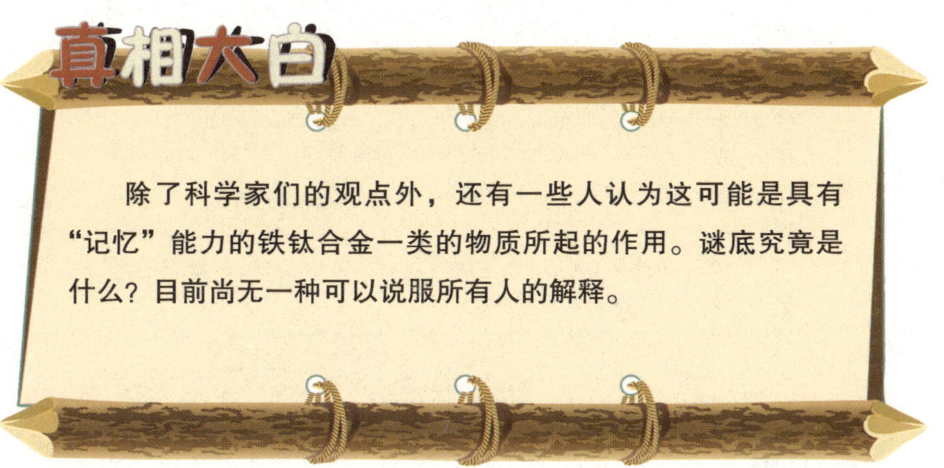

真相大白

除了科学家们的观点外，还有一些人认为这可能是具有“记忆”能力的铁钛合金一类的物质所起的作用。谜底究竟是什么？目前尚无一种可以说服所有人的解释。

图书在版编目（C I P）数据

解读离奇诡异的悬案现场 / 崔钟雷主编. -- 北京：知识出版社，2014.8

（超级疯狂阅读系列）

ISBN 978-7-5015-8155-9

Ⅰ. ①解… Ⅱ. ①崔… Ⅲ. ①科学知识 – 少儿读物 Ⅳ. ①Z228.1

中国版本图书馆 CIP 数据核字(2014)第 181209 号

超级疯狂阅读系列——解读离奇诡异的悬案现场

出 版 人 姜钦云
责任编辑 李现刚
装帧设计 稻草人工作室
出版发行 知识出版社
地　　址 北京市西城区阜成门北大街 17 号
邮　　编 100037
电　　话 010-88390659

印　　刷 三河市人民印务有限公司
开　　本 710mm × 940mm 1/16
印　　张 8
字　　数 80 千字
版　　次 2014 年 8 月第 1 版
印　　次 2025 年 1 月第 6 次印刷
书　　号 ISBN 978-7-5015-8155-9
定　　价 32.00 元

超级疯狂阅读系列

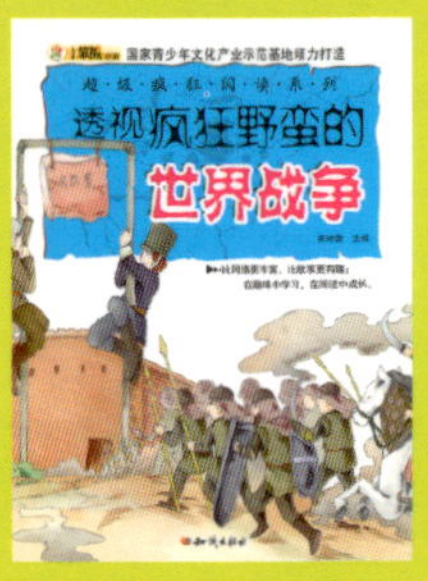

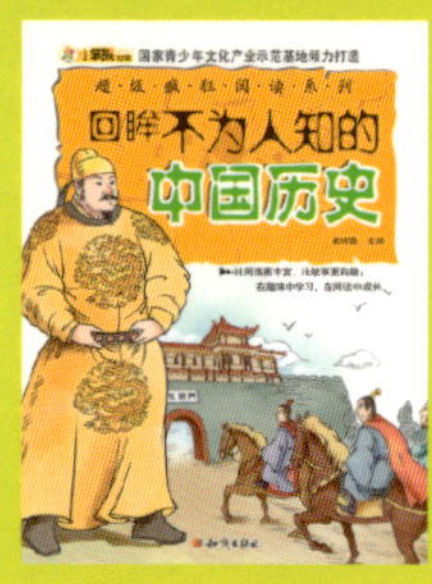

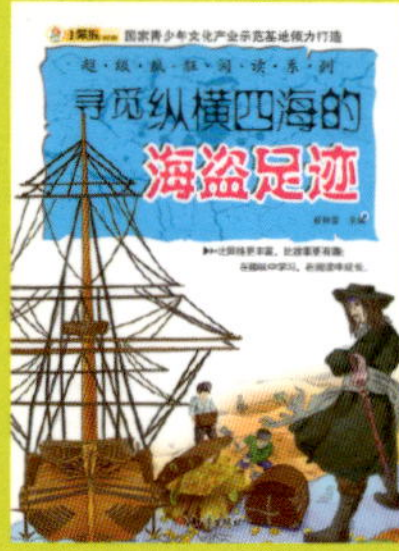

科普并非一成不变的呆板说教，它也能幽默搞笑，让你在娱乐中收获知识。《超级疯狂阅读系列》既有知识的拓展，又有思维的延伸，它比故事更有趣，比游戏更好玩，让你的阅读根本停不下来。

策　划：钟　雷
主　编：崔钟雷
副主编：王丽萍　刘志远　王　慧

ISBN 978-7-5015-8155-9

定价：32.00元